Das Leben, das du willst

Das Leben, das du willst

Der Schlüssel zu einem glücklichen und erfüllten Leben

Brigitte Novalis

Novalis Press

Published by Novalis Press

ISBN 978-1-944870-25-6

Titelbild: Sunagatov Dmitry@123RF.com

Typesetting services by BOOKOW.COM

*Ich danke dir, Torsten Zimmer,
für deine wertvolle künstlerische
und sprachliche Beratung!*

Inhaltsverzeichnis

Vorwort

Was ist der Schlüssel zu einem glücklichen und erfüllten Leben?

Weißt du, dass du das Leben leben kannst, das du willst? *Du kannst* – wenn du weißt, wie du das anpacken kannst. Wenn du wirklich ein Leben leben möchtest, das heller, reicher, friedlicher, freudiger und – wenn du möchtest – verspielter ist, als das Leben, das du gerade lebst, dann solltest du einige Veränderungen vornehmen.

Du weißt das, nicht wahr? Wenn du weiterhin tust, was du schon immer getan hast, und weiterhin denkst, was du schon immer gedacht hast, dann wirst du erhalten, was du schon immer erhalten hast, das gleiche Altbekannte – immer wieder.

Andererseits wartet das Leben auf dich, das du dir wirklich wünschst, hell und schön. Das Gute ist, dass du der Mensch bist, der das geschehen lassen kann. Wenn du dich selbst fragst „wie?" – dieses Buch wird dir diese Frage beantworten, *wenn du es wirklich willst.*

Oh, es wird Zeit, dass ich mich vorstelle. Ich heiße Brigitte Novalis und ich bin eine intuitive Heilerin und Therapeutin. Als klinische Hypnotherapeutin und neurolinguistische Therapeutin habe ich mit meinen Klienten daran gearbeitet, ihr Bewusstsein zu heilen, ihr tieferes Bewusstsein oder Unterbewusstsein. Als Reiki-Meisterin habe ich auch gelernt, mit Energien zu arbeiten.

Wenn meine Klienten ihre bedrückendsten

Probleme geheilt haben, frage ich sie gern: „Bist du für den nächsten Schritt bereit?" Normalerweise sind sie verblüfft. „Der nächste Schritt? Was meinst du mit dem nächsten Schritt?" Und ich frage sie: „Wie möchtest du dein Leben haben?"

Für viele ist das ein Schock. Sie haben nie daran gedacht, dass es wirklich von Bedeutung ist, **was *sie wünschen*.** Alles, was sie gelernt und erfahren haben, ist ein Leben, in dem sie von Umständen herum geschubst werden. Aber das ist nicht wahr. Es gehört mehr zum Leben als einfach nur von Umständen herum geschubst zu werden. Das Leben kann erfreulich und beglückend sein. In Wahrheit, so soll es sein. Dies ist das Leben, das du willst.

Übrigens, ich hatte nicht geplant, dieses Buch zu schreiben. Eines Abends sah ich mich veranlasst, ein leeres Word-Dokument zu öffnen und die Worte „Das Leben, dass du willst" zu tippen. „Seltsam", dachte ich, „dies sieht wie der Titel eines neuen Buches aus", aber ich hatte keine Ahnung, was ich dazu schreiben sollte.

Als ich den blinkenden Cursor anstarrte, kam es mir vor, als hörte ich eine Stimme in meinem Geist, die leicht irritierte Stimme eines jungen Mannes. „Das Leben, das du willst?" fragte er, „was für ein Titel ist das denn?"

Und dann kam eine Antwort in meinen Sinn, und auf diese Weise begann ein Dialog, der sich Tag für Tag, Woche für Woche in Intervallen entfaltete. Woher? Ich kann es nicht genau sagen. Dieses Buch scheint sein eigenes Leben zu haben.

Ich lade dich ein, dich an diesem Dialog zu beteiligen. Stell dir deine eigene Stimme vor, wenn du das Buch liest. Spiele eine aktive Rolle! Während du von dieser Flut von Fragen, Antworten, Hoffnungen und Einsichten Zeuge wirst und meine transformierenden Heil-Techniken benutzt, wird dein Leben sich zum Besseren wenden.

Du wirst den Schlüssel zu einem glücklichen und erfüllten Lebens finden. Du wirst die einzige und wichtigste Sache finden, die du anwenden kannst, um das Leben zu beginnen, das du willst. Möchtest du wissen, was das ist?

Lies weiter.

Kapitel 1

Das Leben, das du willst

Und so entfaltet sich der Dialog:

„Das Leben, das du willst" – was für ein Titel ist das denn?

Hat mich irgendjemand je gefragt, wie ich wünsche, dass mein Leben sein soll? WÜNSCHE?

Niemand hat mich gefragt, OB ich dieses Leben möchte, ganz davon abgesehen, WIE ich es leben möchte.

Brigitte Novalis

Wer macht so was schon? Wir werden un- gefragt geboren, davor ungefragt emp- fangen. Dann sind wir hier, nackt, hung- rig, hilflos. Haben wir das gewollt? In ei- ne unbekannte Umwelt geboren zu wer- den und so abhängig von anderen zu sein? Das glaube ich ganz und gar nicht."

„Halt, immer mit der Ruhe. Ja, du hast dich dafür entschieden, dieses Leben zu leben. Du zweifelst daran? Du ärgerst dich sogar dar- über?

Lass mich mal fragen – weißt du nicht, dass du hier sein willst, um dieses Leben zu leben? Wenn du wirklich ehrlich mit dir selbst bist – weißt du dies nicht tief im Innern? Fühlst du es nicht?"

„Nun, ja, irgendwie. Aber was bedeutet das schon?"

8

„Was bedeutet das schon? Du bist einzigartig. Es gibt in der ganzen Welt niemanden, der genau so wie du bist. Du bist einzigartig und wichtig."

„Wichtig? Wie kannst du das sagen? Im Augenblick haben wir mehr als sieben Billionen Menschen auf der Erde, so viele, wie Sand in der Wüste, und du sagst mir, dass ich wichtig bin?"

„Denk mal einen Augenblick lang nicht an andere. Konzentriere dich auf dich selbst. Sei dir deiner selbst gewahr. Du schaust aus deinen Augen, du hörst mit deinen Ohren, du fühlst mit deinen Händen – sind diese Erfahrungen wichtig für dich oder nicht?"

„Wie wichtig sind sie für andere?"

„Sind sie wichtig für dich?"

„Schon. Ja. Aber das läßt mich auch nicht besser fühlen. Wenn du wüßtest, an wievielen Morgen ich aufwache und mich schrecklich fühle und in wievielen Nächten ich nicht einschlafen kann, weil ich mich so einsam und leer fühle."

„Ich weiß."

„Wie kannst du das wissen? Du kennst mein Leben nicht."

„Mehr oder weniger gehen wir alle durch diese Erfahrungen. Bis zu einem gewissen Grad leiden wir alle unter einem traurigen Herzen oder einem einsamen Herzen oder einem leeren Herzen, es sei denn…"

„Es sei denn was?"

„Es sei denn, wir heilen es."

„Heilen es? Wie machen wir das denn?"

„Indem wir unser Herz mit Liebe füllen. Einige haben das immer schon gemacht, einige lernen mit Leichtigkeit, wie man das macht, andere finden es schwierig zu tun; das Wichtigste ist – es funktioniert."

„Das ist wohl nicht dein Ernst!"

„Natürlich ist das mein Ernst! Möchtest du lernen, wie man das macht?"

„Wenn es nicht zu lange dauert."

„Okay, hier geht's los:

Stell dir das kleine Baby vor, das du mal warst, ungefähr ein Jahr alt.

Stell dir vor, wie du dein Baby-Selbst in deinen Armen hältst und wie du es von ganzem Herzen liebst.

Sprich sanft und freundlich mit deinem Baby-Selbst und sag deinem Baby-Selbst, dass es kostbar ist und einzigartig und dass es all das Glück in der Welt verdient.

Liebe dein Baby-Selbst, bis du dich gut und glücklich fühlst und das Baby-Selbst in deinen Armen, das du einmal warst, auch glücklich zu sein scheint."

„Das ist alles? Das wird mich besser fühlen lassen? Ich stell mir einfach nur etwas vor und das läßt mich besser fühlen? Das ist komisch."

„Ist es das wirklich? Stell dir vor, wie dein Chef sich über dich ärgert und dich rausschmeißt, und merke, wie du völlig gestresst bist wegen dieser Vorstellung. Du kannst dir alle möglichen Arten von Schwierigkeiten vorstellen und dich hinterher schlecht fühlen, oder du kanst dir angenehme Ereignisse vorstellen und dich hinterher gut fühlen.

Du machst das immerzu, dir Dinge vorzustellen, obwohl die meisten Menschen, so traurig das ist, sich alle Arten von Schwierigkeiten vorstellen. Sie sorgen und sorgen sich, bis ihr Leben schließlich immer sorgenvoller wird."

„Aber dennoch scheint mir das ziemlich an den Haaren herbei gezogen zu sein – ich stelle mir vor, wie ich mein Baby-Selbst in den Armen halte, und dann fühle mich hinterher besser."

„Das war nur der erste Teil. Was ich dir vorgeschlagen habe, war dir vorzustellen, dass du dein Baby-Selbst in deinen Armen hältst UND es lieb hast. Du liebst das kleine Kind, das du einmal warst. Das bedeutet natürlich, dass du dich selbst liebst. Das macht einen großen Unterschied im Leben.

Weißt du, viele Menschen finden es schwierig, sich zu lieben oder gut zu finden. Ich habe Menschen kennengelernt, die sich selbst nicht leiden konnten. Ich habe Menschen getroffen, die sich sogar verachtet haben. Glaubst du, das solch ein Mensch Freude am Leben haben kann?"

„Da ist was Wahres dran. Dennoch, glaubst du wirklich, dass ich, wenn ich meinen Kleinen halte"

„und ihn liebst"

„und ihn liebe, dass dann alle Traurigkeit und Einsamkeit aus meinem Leben verschwindet?"

„Wenn du das oft genug machst, wird es einen großen Unterschied in deinem Leben machen.

Möchtest du es versuchen? Ja? Gut. Jetzt halte bitte dein Baby-Selbst und liebe es von ganzem Herzen. Wenn du dich gut fühlst und der Kleine auch zufrieden zu sein scheint, lass mich das bitte wissen."

* * *

„Ich habe da ein Problem. Ich habe versucht, ihn zu lieben, aber irgendwie kann ich das nicht fühlen. Das funktioniert nicht bei mir."

„Wenn du keine Liebe fühlen kannst, dann kannst du ihm still in deinem Geist sagen:

„Ich liebe dich, ich liebe dich, mein Kleiner. Ich liebe dich."

„Sage es wieder und wieder. Und dann fängst du an, dich gut zu fühlen, und dann – besser und besser."

„Nun, das kann ich wohl machen, aber ich verstehe nicht, wie das funktionieren kann. Ich sage etwas, und dann fühle ich mich anders?"

„Wenn du etwas laut sagst oder leise in deinem Geist, und du sagst es immer wieder, verändert dies die Art, wie du fühlst, denn Energie folgt dem Gedanken."

„Ha, das ist merkwürdig: 'Energie folgt dem Gedanken'. Was für eine Energie?"

„Emotionale Energie. Emotionen sind das, was du fühlst, wenn du an etwas denkst, was du liebst oder an etwas, wovor du Angst hast. Emotionen sind Energie. E-motion = Energie in Motion (Bewegung).

Bist du bereit, anzufangen?"

„Ja, gib mir einen Augenblick."

* * *

„Darf ich dich was fragen? Es scheint, dass mein Kleiner gar nicht will, dass ich ihn halte. Ich habe den Eindruck, dass er mich gar nicht mag."

„Sei geduldig. Er muss seit langer Zeit einsam und traurig sein. Sei sanft mit ihm, sprich freundlich zu ihm und liebe ihn."

„Das ist merkwürdig, das Baby zu lieben, das ich war."

„Mach es trotzdem."

* * *

„Hm. Interessant. Das fühlt sich wirklich gut an. Wer hätte das gedacht? Ich nicht.

17

Und am Ende schien er mich sogar gern zu haben. Das ist gut, nicht wahr?"

„Sehr gut. Möchtest du noch etwas hinzufügen, um es abzurunden, sozusagen?"

„Nur zu. Sag es mir."

"Ich möchte, dass du dir wieder etwas vorstellst. Dieses Mal möchte ich, dass du dir vorstellst, rückwärts in der Zeit zu gehen und dass du für einen Augenblick das Baby-Selbst bist. Du siehst oder hörst vielleicht deine Eltern oder du bist dir ihrer einfach nur gewahr. Deine Eltern spielen mit dir und sprechen mit dir und bringen dich zum Lachen.

Lass dir Zeit, dir das alles vorzustellen, und lass mich wissen, wann du fertig bist."
„Das kann ich mir nicht vorstellen. So waren sie ganz und gar nicht."

„Das macht nichts. Mach es in deiner Vorstellung so gut, wie du nur kanst."

„Du meinst, dass ich so tun soll, as ob sie mit mir spielten und mich kitzelten?"

„Ja, tu dein Bestes. Mach es wirklich gut. Du kannst es."

„Wenn du darauf bestehst."

* * *

„Nun, wie fühlst du dich jetzt?"

„Merkwürdig, ich fühle mich gut. Wirklich gut. Danke."

Kapitel 2

Wie soll dein Leben sein?

„Also, wie soll dein Leben sein?"

„Gute Frage! Lass mal sehen. Ich möchte ein Leben ohne Ärger und Angst. Ich möchte ein Leben ohne Krieg und Streit. Ich wünsche mir ein Leben, in dem ich mich um nichts sorgen muss. Ich möchte..."

„Halt! Die Frage war: „Wie soll dein Leben sein?"

„Das hab' ich dir ja gesagt. Und ich bin noch nicht mal fertig."

„Nein, das hast du mir nicht gesagt. Du hast mir gesagt, wie dein Leben NICHT sein soll."

„Ach, richtig. Das ist verzwickt. Wie soll mein Leben sein? Glücklich? Ich denke, glücklich wäre gut, und gesund und ohne Sorgen."

„Warte. Du hast es schon wieder gemacht. Du sagtest: ‚Ohne Sorgen.'"

„Was ist falsch daran? Ich will keine Sorgen. Niemand will Sorgen HABEN wollen. Das ist vollkommen vernünftig."

„Es scheint vollkommen vernünftig zu sein, aber wenn du an das denkst, was du NICHT willst, hast du im Sinn, was du NICHT willst. Wenn du daran denkst, dass du KEINE Sorgen haben willst, hast du Sorgen im Sinn."

„Wie kommst du denn darauf?"

„Das liegt daran, wie der Verstand arbeitet. Du zweifelst daran? Okay. Lass mich dir ein Beispiel geben. Du bist gut darin, dir Dinge vorzustellen, nicht wahr? Also, stell dir bitte KEINEN *rosa Dinosaurier* vor. Nun, was hast du im Sinn?"

„Einen rosa Dinosaurier. Warum ist das so?"

„Das ist so, weil dein Bewusstsein, besonders dein Unterbewusstsein, sich nicht „nein" oder „nicht" vorstellen kann. Also, wenn du „KEIN rosa Dinosaurier" sagst oder dir vorstellst, hast du einen rosa Dinosaurier im Sinn."

„Richtig. Aber was schlägst du mir vor, was ich ansonsten denken soll? Sag mir nicht, dass du erwartest, dass ich Sorgen haben will?"

„Ganz im Gegenteil! Wenn du an Sorgen denkst, hast du Sorgen im Sinn. Selbst wenn du denkst, dass du keine Sorgen haben willst, hast du Sorgen im Sinn. Wenn du an Glück denkst, hast du Glück im Sinn.

Wenn du an Krankheit denkst, hast du Krankheit im Sinn. Selbst wenn du daran denkst, dass du nicht krank sein willst, hast du Krankheit im Sinn.

Auf der anderen Seite, wenn du an vollkommene Gesundheit denkst, hast du vollkommene Gesundheit im Sinn.

Wenn du an finanzielle Schwierigkeiten denkst, hast du finanzielle Schwierigkeiten im Sinn. Selbst wenn du denkst, dass du finanzielle Schwierigkeiten verabscheust, hast du finanzielle Schwierigkeiten im Sinn. Auf der anderen Seite, wenn du an Wohlstand denkst, hast du Wohlstand im Sinn."

„Genug. In Ordnung, ich hab's verstanden. Die Frage ist: Warum spielt es überhaupt eine Rolle, was ich im Sinn habe?"

„Es spielt eine Rolle, weil du in dein Leben Situationen, Ereignisse und Dinge bringst, an die du – bewusst oder unbewusst – denkst."

„Das ist komisch. Wenn ich also an einen rosa Dinosaurier denke, werde ich schließlich einen rosa Dinosaurier in meinem Garten finden?"

„Vielleicht, wenn du ein paar Millionen Jahre rückwärts in der Zeit reist."

„Jetzt mal im Ernst. Wenn ich an etwas denke, kommt es zu mir?"

„Mehr oder weniger, ja."

„Was meinst du mit „mehr oder weniger"? Entweder ist es eine Regel oder

25

*nicht. **Willst du damit sagen, dass es Ausnahmen gibt? Und wenn ja, wovon hängst das ab?***"

„Das hängt von der Intensität deiner Gedanken und Emotionen ab.

Wenn etwas schief geht und du sagst zu dir selbst: „Nun geht alles bergab von hier", aber wenn das nur ein flüchtiger Gedanke ist, den du nicht wirklich so meinst und nicht länger verfolgst, dann wird es so weitergehen wie vorher.

Allerdings, wenn du jetzt in einer schwarzen Stimmung bist und dich an immer mehr Schwierigkeiten in der Vergangenheit erinnerst und dir immer mehr Schwierigkeiten in der Zukunft vorstellst, wirst du infolgedessen ärgerlich oder ängstlich werden, und dann wird es wirklich bergab gehen."

Kapitel 3

Etwas, was ich mir wirklich wünsche

„In Ordnung, dann will ich mal etwas genauer sein. Etwas, was ich mir auf jeden Fall wünsche, sind glückliche Beziehungen. Lass uns mit meinem Vater anfangen, obwohl ich mir nicht sicher bin, ob ich ihn auf meine Wunschliste tun soll – nichts wird meinen alten Herrn ändern.“

„Es geht hier nicht darum, ihn zu ändern. Es gibt darum, dass du eine bessere Beziehung zu ihm hast.“

Brigitte Novalis

„Du meinst die Beziehung auf meiner Seite?"

„Das habe ich im Sinn."

„Entschuldige, aber ich bin nicht derjenige, der den Ärger verursacht. Es ist mein Vater. Du kannst dir nicht vorstellen, wie sehr ich ihn und seinen Ärger gefürchtet habe, als ich ein Kind war. Egal, was ich tat, es war ihm nicht gut genug.

Es gab Zeiten, wo ich so nah daran war, von zu Hause wegzulaufen, so nah. Der einzige Grund, warum ich nicht weglief, war die noch größere Angst, was er tut, wenn die Polizei mich zurückbringt. Du hast keine Ahnung davon, was ich mitgemacht habe."

„Und wie ist es heute? Bist du noch im

Kontakt mit deinem Vater?"

„Ja, einige Anrufe, einige Besuche. Es graust mich, wenn ich daran denke, sie zu den Feiertagen zu besuchen."

„Aber du gehst dennoch hin? Dann muss es noch etwas Gutes in dieser Beziehung geben, sonst würdest du ihn nicht besuchen."

„Nein, es ist einfach grässlich vom Anfang bis zum Ende."

„Wie lange fühlst du das schon?"

„So lange ich mich erinnern kann."

„Willst du diesen Ärger und diese Angst bis zum Ende deines Lebens mit dir herumschleppen? Weißt du, all die Dinge, die dich in der Vergangenheit geärgert und gekränkt haben, kränken dich auch jetzt noch und werden es auch in der Zukunft tun, es sei denn, du löst das auf."

„Willst du damit sagen, dass ich dieses grässliche Gefühl, das ich habe, wenn ich an meinen Vater denke, für den Rest meines Lebens haben werde? Was ist, wenn ich gar nicht an ihn denke?"

„Es ist ein guter Gedanke, nicht in der Vergangenheit zu verweilen, sondern dein Leben jetzt zu leben und so glücklich zu sein, wie du nur sein kannst. Allerdings kommst du manchmal in Situationen, die dich an deinen alten Kummer erinnern, und dann lodert das Leid wieder auf.

Selbst wenn der alte Kummer tief in den Hintergrund deiner Gefühle getreten ist und du ihn nicht mehr so stark wie zuvor fühlst, ist er dennoch da. Er färbt deine Erwartungen und begrenzt deine Freiheit."

„Was meinst du damit?"

„Sagen wir mal, du triffst einen älteren Herrn, er könnte dein Chef sein oder der Vater deiner Freundin, und vielleicht hat er graue Haare wie dein Vater oder ein Hobby oder eine Eigenheit wie dein Vater, und du wirst dadurch an deinen Vater erinnert.

Wenn du also diesen älteren Herrn triffst, schreckst du zurück. Ohne dass du dir dessen völlig gewahr bist, erwartest du, dass er so lieblos wie dein Vater ist. Es ist schwierig für dich, diesen Mann gern zu haben, weil deine alten Gefühle dir im Weg sind. Solch eine automatische Reaktion hindert deine Fähigkeit, ihm mit offenem Sinn und offenem Herzen zu begegnen. Er mag der freundlichste Mann sein, aber du gibst dir nicht die Chance, das heraus zu finden."

„Und du sagst, dass wir diese Blockaden

in unserem Bewusstsein auflösen kön-
nen?"

„Sicherlich. Möchtest du das tun?"

„Du meinst, jetzt gleich?"

„Jetzt ist die beste Zeit."

„Nun, ich weiß nicht, ob ich für so ei-
ne weitreichende Sache bereit bin. Es
kann sein, dass ich mich nicht an all die
schlimmen Dinge erinnere, die damals
vorgefallen sind."

„Das brauchst du auch gar nicht. Schließe
deine Augen und lass dich in die Vergangenheit treiben und fühle dieses schreckliche Gefühl."

„In Ordnung."

„Zunächst einmal, mach es dir auf deinem Stuhl gemütlich und schließe deine Augen.

In deinen Gedanken gehe rückwärts in der Zeit zu einem Augenblick, als du sehr ärgerlich über deinen Vater warst.

Sobald du diesen Ärger fühlst, höre auf, dir deinen Vater vorzustellen. Streite dich nicht mit ihm in deiner Erinnerung Lass deine Gedanken so ruhig werden, wie es dir möglich ist. Sei dir einfach nur dieser grässlichen Gefühle gewahr."

„Das ist schrecklich. Das will ich nicht fühlen."

„Schsch. Vertrau mir. Mache es einfach. Und werde dir nun immer mehr bewusst, wie dieser Ärger etwas ist, dass sich jetzt in deinem Innern abspielt. Höre auf, dich damit zu identifizieren. Trete aus diesem Gefühl heraus und beobachte es. Beobachte es mit Freundlichkeit.

Stell dir nun vor, dass du diesen Ärger im Arm hältst, als wenn du das Baby im Arm hältst, das du einmal warst. Du kannst ihn sogar aussehen lassen wie dein Baby-Selbst, nur mit einer anderen Farbe, damit

du sie unterscheiden kannst. Mach dieses Ärger-Baby blau oder grün oder orange. Welche Farbe soll es haben?"

„Mal sehen. Vielleicht orange?"

„Orange ist gut. Einverstanden. Halte ihn liebevoll im Arm und liebe ihn. Tröste ihn. Sprich sanft mit ihm in deinen Gedanken und lass ihn wissen, dass es nichts zu fürchten gibt und dass er bei dir geborgen ist und dass du ihn liebst, ganz gleich was geschieht.

Liebe ihn so sehr, wie du nur lieben kannst. Nach einer Weile wirst du nicht mehr Ärger, sondern Liebe fühlen. Lass mich wissen, wenn das geschieht."

* * *

„Nun, fühlst du dich schon etwas besser? Ist das Gefühl schon etwas leichter geworden? Gut. Fühle es weiterhin und lass mich wissen, wenn du dich neutral fühlst, also nicht mehr schlecht."

* * *

„Du hast Recht. Ich fühle mich anders. Ich fühle dieses grässliche Gefühl gar nicht mehr. Es kommt mir so vor, als wenn das alles gar nicht mehr so wichtig sei. Cool. Danke. Doch was nun? Wie

35

Brigitte Novalis

kann ich diese gute Beziehung mit meinem Vater haben?"

„Nicht so schnell. Zunächst einmal möchte ich, dass du deine Energien beschleunigst. Ich möchte, dass du dein Baby-Selbst liebst, wie du es vorhin gemacht hast. Dieses Mal nicht dein orangenes Ärger-Baby, sondern dein Baby-Selbst."

„Du meinst, dass ich den Kleinen, der ich einmal war, in meinen Armen halte und liebe?"

„Ganz recht."

„Ich finde es immer noch merkwürdig, dass ich so tun soll, als ob ich den Kleinen liebe, der ich einmal war."

„Einen Augenblick mal! Ich habe keineswegs gesagt, dass du so tun sollst ‚als ob'. Ich sagte

„liebe ihn." Also, liebe ihn bitte so sehr, wie du fähig bist, jemanden zu lieben."

* * *

„Du lächelst. Wie fühlst du dich?"

„Gut. Wirklich gut. Nun, wie ist das jetzt mit der guten Beziehung zu meinem Vater?"

„Kannst du mir etwas Erfreuliches über deinen Vater erzählen?"

„Nun, lass mich mal nachdenken. Er sorgt für sein Haus. Er ist ständig damit beschäftigt, das eine oder andere zu reparieren. Oh, ja, er ist auch gut mit der Gartenarbeit."

„Das ist etwas, auf dem man aufbauen kann. Ich möchte, dass du deine Augen schließt,

Brigitte Novalis

damit du dir besser Dinge vorstellen kannst,
und ich möchte, dass du dir vorstellst, dass
du deine Eltern besuchst und mit deinem
Vater durch den Garten gehst und die gute
Arbeit würdigst, die er im Garten getan hat
und tut. Vielleicht fragst du ihn auch, was er
plant, demnächst zu tun.

So mal dir aus, wie er und du im Garten seid
und wie ihr euch beide von der besten Seite
zeigt."

„Du verlangst viel von mir."

„Mach es einfach und nimm dir Zeit damit.
Wenn du dich in dieser Situation wohlfühlst,
kannst du wieder die Augen öffnen."

* * *

*„Das war gar nicht so schlecht, wirklich.
Also kann ich in meiner Vorstellung ganz*

gut mit ihm auskommen, aber wie ist es mit dem wirklichen Leben?"

„Im wirklichen Leben (womit ich nicht sagen will, dass das, was du gerade in deiner Vorstellung tust, nicht das wirkliche Leben ist) kannst du dasselbe machen. Wenn du das schätzt, was du an ihm schätzen kannst, fühlst du dich wohler in dieser Beziehung. So lange du da bleibst, ich meine in deiner Wertschätzung von ihm, so lange fühlst du dich wohl."

„Aber was ist, wenn er mich wieder trietzt? Was mach ich dann?"

„Vielleicht trietzt er dich nicht so sehr, wenn er deine guten Schwingungen wahrnimmt."

„Vielleicht. Aber wie ist es mit meiner Mutter? Sobald ich am Mittagstisch sitze, fängt sie an, sich darüber zu bekalgen, wie teuer alles ist und wie die Leute

nicht mehr so freundlich sind wie früher, als sie jünger war. Sie findet kein Ende damit.

Und dann fragt sie mich, ob ich ein anständiges Mädchen getroffen habe und wann ich heiraten will, damit sie endlich Enkelkinder haben kann. Wenn ich sie bitte, damit aufzuhören, sagt sie immer, dass sie das nur zu meinem Besten tut."

„Und wie fühlt sich das für dich an?"

„Scheußlich."

„Fühle bitte dieses scheußliche Gefühl. Du weißt ja jetzt, wie das geht. Sobald du das schlechte Gefühl fühlst, höre auf, dir diese Situation vorzustellen und iinerlich darüber zu meckern. Lasse einfach nur dieses Gefühl zu und verwandle es in dein Ärger-Baby, das orangene Baby. Liebe den Kleinen so sehr, wie du nur jemanden lieben kannst. Nach einer Weile wirst du nicht mehr Ärger, sondern Liebe fühlen. Lass es mich wissen, wenn das geschieht."

* * *

„Nun, ich muss sagen, es macht wirklich einen Unterschied. Ich fühle mich viel besser. Aber wie kann ich eine bessere Beziehung zu meiner Mutter haben?"

„Gebrauche wieder deine Kreativität. Schließe deine Augen und stelle dir vor, dass du in die Zukunft gehst und deinen Vater und deine Mutter siehst, und ihr seid alle freundlich und tolerant."

„Schön wär's! Und wenn ich wirklich da bin, was könnte ich machen?"

41

Brigitte Novalis

„Wenn ihr in der Küche seid und den Eintopf deiner Mutter esst, und sie sich wieder
darüber beklagt, wie teuer alles ist und so
weiter, dann sagst du: "Mutter, deine Suppe
schmeckt so gut. Wie machst du sie? Ich hätte
gern das Rezept."

Sie wird sich darüber freuen, einen guten
Eintopf zu kochen, und sie wird dir erzählen,
wie sie ihn macht. Stell dir vor, wie sie das
Rezept mit einem Lächeln auf ihrem Gesicht
aufschreibt. Sie kann sich nicht beklagen,
denn sie kann sich nicht über ihre Kochküns-
te freuen und sich gleichzeitig über etwas anderes ärgern.

Allgemein gesagt, wenn du freundlich mit ihr
sprichst, fühlt sie sich besser. Übrigens, nicht
nur Menschen möchten wertgeschätzt werden, sondern auch Hunde und Katzen und
Vögel und Bäume und Blumen, in der Tat,
jedes lebende Wesen. Wenn du deine Mutter

42

wertschätzt, fühlt sie sich besser über sich selbst und auch über dich. Folglich werden dein Besuche angenehmer werden."

„Das leuchtet mir ein, aber was kann ich tun, wenn sie später doch wieder anfängt zu meckern?"

„In dem Fall isst du deine Suppe zu Ende, schließt deine Ohren für ihr Gezänk, schaust aus dem Fenster und sagst zu dir selbst: „Großartiger Tag, gerade richtig für einen Spaziergang durch die alte Nachbarschaft." Und wenn du mit dem Essen fertig bist, machst du diesen Spaziergang."

Kapitel 4

Romantische Beziehungen

„Jetzt fühle ich mich besser über mich selbst, und ich habe eine Vorstellung von guten Beziehungen im allgemeinen, aber wie ist es mit Beziehungen, die nicht existieren?"

„Was meinst du mit „Beziehungen, die nicht existieren"?"

„Nun, ich hätte gern eine Freundin, eine Frau, mit der ich glücklich sein könnte,

aber im Augenblick gibt es keine in meinem Leben. Kann ich etwas tun, um meine zukünftige Beziehung zu fördern, bevor ich eine habe?"

„Gute Frage! Unbedingt! So, im Augenblick gehst du mit niemandem aus?"

„Nein."

„Aber du bist vorher ausgegangen, nicht wahr?"

„Klar, sicher, nicht nur einmal."

„Was ist passiert? Warum hast du keine Beziehung mehr?"

„Weißt du, sie fingen alle so gut an, aber nach einer Weile waren sie nicht mehr beschwingt und haben keinen Spaß mehr gemacht. Sie wurden irgendwie mühsam. Alle endeten schlecht und haben mich aus der Fassung gebracht.

Jetzt bin ich etwas besorgt, wenn ich an neue Beziehungen denke. Ich möchte nicht noch einmal durch so einen Aufruhr gehen. Erst denkst du, dass alles gut ist, und du bist glücklich, und dann geht es bergab und wird wirklich traurig. Obwohl ich wirklich gern eine gute Beziehung mit einem netten Mädchen hätte, weiß ich nicht, was ich tun muss, damit es funktioniert."

„Wie du schon sagtest, eine Zeitlang warst du glücklich mit deiner Freundin. Die Beziehung schien so leicht und angenehm zu sein. Aber mit der Zeit kamen euch Kleinigkeiten in den Weg. Sie schien nicht mehr so interessiert wie vorher zu sein. Vielleicht fing sie an, zu spät zu den Dates zu kommen, oder sie hat dir nicht richtig zugehört, oder sie war regelrecht schlecht gelaunt.

Dann, wenn du an sie dachtest, hast du dich an dieses unangenehme Verhalten erinnert und befürchtetest mehr Unangenehmes. Du erwartetest geradezu, verletzt zu werden, und so hast du mehr davon in dein Leben gebracht. Wie Kahlil Gibran in senem Buch ‚Sand und Schaum' sagt: „Wir wählen unsere Freuden und Sorgen lange, bevor wir sie erleben."""

„Entschuldige bitte, aber das macht keinen Sinn. Wer wird schon Sorgen wählen?"

„Hast du es schon vergessen? Wenn du dich in Gedanken mit den Sorgen der Vergangenheit und der Gegenwart oder sogar der Zukunft beschäftigst, ziehst du Sorgen in deine Lebenserfahrung hinein."

„Ach ja, ich erinnere mich daran. Wie auch immer, will dieser Kahlil Gibran sagen, dass wir erst das Gute fühlen müssen,

bevor wir das Gute, das wir haben wollen, erfahren können? Ich muss mich also über den Kuchen freuen, bevor ich ihn essen kann? Das hört sich dumm an."

„Glaubst du nicht, dass es einen Unterschied macht, wenn du denkst: „Ich freue mich auf diese Geburtstagsfeier, wo sie diesen köstlichen Kuchen servieren," oder wenn du denkst: „Ich hasse diese Geburtstagsfeiern. Mein Magen fängt schon an, weh zu tun, wenn ich nun an die übersüßen Kuchen denke, die sie wahrscheinlich dort servieren."

„Das hat einiges für sich, aber was hat das mit meiner Freundin zu tun?"

„Richtig, lass uns zu deiner Beziehung zurück gehen und zu der wachsenden Distanz zwischen dir und deiner Freundin. Nehmen wir mal an, dass diese

Distanz von deiner Seite ausgegangen ist.

Wenn du sie getroffen hast, konnte sie diese Distanz fühlen, die aus dir heraus strahlte. Am Anfang war es sicherlich nicht viel. Es gab immer noch mehr Angenehmes als Unangenehmes in eurer Beziehung. Allerdings, als du immer mehr unangenehme Vorstellungen und Gefühle in Bezug auf deine Freundin im Sinn hattest, wurde sie sich deiner inneren Kritik immer mehr bewusst.

Ihre Reaktion darauf wurde stärker. Im Laufe der Zeit habt ihr beide mehr aus Kummer und Ärger als mit Freundlichkeit und Liebe interagiert. Dies hatte zur Folge, dass die Beziehung bergab ging."

"Genau. Ich habe meine Beziehung nicht von dieser Seite aus betrachtet, aber du hast sie sehr gut beschrieben. Die Frage ist, wie kann ich das ändern?"

"Du kannst dieses ändern, indem du absichtlich nach dem Guten in ihr suchst. Indem du deine Aufmerksamkeit auf alles richtest, was sie deiner Meinung nach gut macht."

"Weißt du, was du da verlangst? Wenn du wüßtest, wie meine letzte Freundin sich zum Ende benommen hat, würdest du verstehen, dass da nicht viel Gutes in ihr zu finden ist."

"Ich gebe zu, dass wir bisweilen fühlen, dass es nicht viel Gutes in einem anderen Menschen gibt, aber das ist nicht notwendigerweise wahr.

Solange du dich in einer Beziehung findest und sie verbessern willst, strecke dich. Finde etwas, irgend etwas Sympathisches und Angenehmes in ihrem Verhalten und richte deine Aufmerksamkeit darauf.

Halte Ausschau nach einem freundlichen Lächeln und einer freundlichen Bemerkung, selbst wenn es schwierig ist.

Wenn du anfängst, dieses neuerdings angenehme Gefühl zu fühlen, das du für sie hast, strahlt dieses aus dir heraus. Sie wird es fühlen und auf gute Weise darauf reagieren. Auf diese Weise erreichst du, dass es mit deiner Beziehung bergauf geht."

„Nun, wenn ich das Glück habe, wieder eine Beziehung zu haben, kann ich das tun. Aber was kann ich jetzt tun?"

„Erst einmal ist es ein guter Gedanke, die alten Gefühle von Kummer und Ärger loszulassen, weil sie noch in dir sind. Inzwischen weißt du, wie du das machen kannst.

Fühle das Gefühl, aber stelle dir nicht die Situation vor. Stoppe deine Gedanken. Bleibe gegenwärtig mit deinen Gefühlen. Stelle dir vor, dass du dein orangenes Baby-Selbst, das Ärger-Baby, in deinen Armen hältst.

Halte den Kleinen zärtlich und liebe ihn. Tröste ihn. Sprich im Geist freundlich mit ihm und lass ihn wissen, dass er nichts zu fürchten hat, sondern dass er bei dir in Sicherheit ist und dass du ihn liebst, egal was kommt. Liebe ihn so, wie du ihn vorher geliebt hast. Nach einer Weile wirst du nicht Ärger, sondern Liebe fühlen. Lass es mich wissen, wenn das passiert."

107

„Dies wirklich eine Überraschung. Ich bin gar nicht mehr ärgerlich. Es kommt mir so vor, als wenn die alten Streitigkeiten

völlig unwichtig sind. Tatsächlich fühle ich gar nichts mehr in Bezug auf sie. Ist das gut?"

„Besser als nachtragend, nicht wahr? Du kannst dir auch vornehmen, freundlich an sie zu denken. Wenn du willst, kannst du deine Augen einen Augenblick lang schließen und dir vorstellen, dass du zurück in der Zeit gehst. Stell dir euch beide vor, wie ihr nebeneinander steht. Nun sieh oder fühle, wie ihr euch anlächelt, während ihr „leb wohl" sagt."

* * *

„Wie fühlst du dich?"

„Lach nicht über mich, aber ich fühle mich ganz komisch. Als wenn ich ein guter Mensch wäre. "

„Du *bist* ein guter Mensch. Fängst du nicht langsam an, das zu verstehen?"

Kapitel 5

Du denkst also, dass ich gut bin?

"*Ich muss immer noch daran denken, was du vorhin gesagt hast. So, du denkst also, dass ich gut bin?*"

"Ja, das denke ich."

"*Wie kannst du das sagen? Du kennst mich ja kaum. Wenn du mich kennen würdest, könntest du mich vielleicht gar nicht leiden.*"

"Würde dir das etwas ausmachen?"

„Ja, es macht mir was aus. Es würde mich freuen, wenn du mich magst. Um dir die Wahrheit zu sagen, ich glaube, ich möchte, dass fast jeder mich mag. Weißt du, manchmal, wenn ich Leute treffe und das Gefühl bekomme, dass sie mich nicht mögen, macht es mich traurig. "

„Darf ich dich fragen: magst du dich selbst?"

„Nun, es ist nicht so, als wenn ich mich selbst nicht ausstehen kann. Ich glaube, ich bin ein ziemlich anständiger Mensch. Ich bin nicht gemein oder grausam oder so etwas Ähnliches. Aber es gibt Zeiten, in denen ich glaube, ich hätte es in bestimmten Situationen besser machen können. Das macht mich wirklich wütend auf mich. Manchmal schäme ich mich sogar. Das ist ein scheußliches Gefühl."

„Glaubst du, dass es Menschen gibt, die

nie Fehler machen?"

„Vielleicht Menschen wie der Dalai Lama, aber sonst macht fast jeder Fehler. Dennoch, das hindert mich nicht daran, mich miserabel zu fühlen, wenn ich etwas falsch gemacht habe. Und das Schlimmste ist, dass mir das immer wieder in den Sinn kommt. Das ist so, als wenn du einen kranken Zahn hast – deine Zunge muss ihn immer wieder berühren, und jedes Mal tut es wieder weh. Du weißt, was ich meine?"

„Oh ja. So schlimm das ist, das ist noch nicht mal das Schlimmste dabei. Es ist sogar schlimmer, wenn diese schmerzlichen Erinnerungen ins Unterbewusstsein untertauchen.

Wenn das geschieht, haben wir einfach ein schlechtes Gefühl über uns selbst und erinnern uns nicht daran, woher dieses schlechte Gefühl herkommt. Dann kommen wir oft

57

zu dem Schluss, dass etwas mit uns nicht in Ordnung ist und dass wir kein Glück und keinen Erfolg verdienen."

„Und wenn wir nicht wissen, woher es kommt, ich meine dieses scheußliche Gefühl, dann können wir es nicht heilen, nicht wahr?"

„Wir können immer die Vergangenheit heilen und wieder anfangen, das Leben zu genießen. Immer."

„Wie können wir das machen? Ohne dass wir wissen, was geschehen ist?"

„Du bist immer noch fähig zu fühlen, nicht wahr? Diese Emotion, die du fühlst, ist wertvoll. Sie bringt dich dahin, dich wieder herzustellen und besser zu fühlen, wenn du es nur zulässt."

„Was zulassen?"

„Das Gefühl. Fühle, was du fühlst. Fühle es, ohne darüber nachzudenken, denn deine Gedanken gießen nur Öl ins Feuer. Fühle es, ohne dir schmerzliche Situationen vorzustellen. Halte deinen Verstand heraus, so gut du nur kannst.

Fühle einfach nur dieses unangenehme Gefühl. Identifiziere dich aber nicht damit. Fühle es auf eine Art und Weise, dass du anerkennst, dass es da ist. Schließlich hast du selbst es erschaffen. Fühle es und beobachte es und halte es in deinen Armen wie dein Baby-Selbst, nur in einer anderen Farbe, vielleicht grün oder lila, und dann liebe es mit ganzem Herzen."

„Okay, okay. Ich werde es machen, aber ich weiß nicht genau, was ich jetzt eigentlich fühlen soll."

„Du hast eben noch dieses verworrene Gefühl gefühlt, dass du nicht gut genug bist."

„Und wenn ich das fühle und in eine grüne Kopie von meinem eigenen Baby-Selbst mache, dann werde ich diese schlechte Energie los?"

„Nein, das sollst du gar nicht tun. Du kannst deine Energie nicht loswerden und du sollst deine Energie auch gar nicht loswerden. Was du tun kannst, ist die negative Ladung deiner emotionalen Energie zu verwandeln.

Weißt du, dieses Gefühl ist schon lange in dir. Ein Teil deiner Energie ist mit dem Gefühl belastet, dass du nicht gut genug bist. Leuchtet dir das ein?"

„Eigentlich nicht."

„Du weißt, dass der menschliche Körper komplex ist, nicht wahr? So auch die Psyche. Es hilft dir vielleicht, wenn du dir einige deiner Energien als klares Wasser vorstellst wie das

Wasser, das du in einem Trinkglas siehst. Wenn etwas Schlimmes im Leben passiert, wird die Energie oder das Wasser wie mit Tinte dunkel gemacht. Die Energie ist noch deine Energie, aber die Tinte hat sie verändert. Das ist, was ich damit meine, dass die Energie eine negative Ladung hat.

Wenn du diese dunkle Energie akzeptierst und liebst, verwandelst du sie in hellere, glücklichere Energie. Die Liebe verwandelt alles."

„Also, was soll ich jetzt machen? Das Gefühl fühlen, dass ich nicht gut genug bin, und das dann in eine grüne Kopie von meinem Baby-Selbst machen und es lieben?"

„Ja, das würde einen großen Unterschied in deinem Leben machen."

„Wenn du meinst."

* * *

„Wie lange soll ich das machen? Ich merke kaum eine Veränderung. Das dauert ja ewig."

„Sch. Bleib einfach bei dem Gefühl und liebe das grüne Baby."

107

„Nun, ich muss sagen, dass es die Zeit wert war. Ich habe immer noch nicht das Gefühl, dass ich ein schrecklich guter Mensch bin, aber ich fühle mich besser über mich selbst. Ja, wirklich. Irgendwie leichter und freier. Das ist angenehm. Ich mag das Gefühl.

Du wirst vielleicht überrascht sein, aber ich habe immer noch die Frage im Sinn, warum du gesagt hast, dass ich gut bin.

Du denkst also, dass ich gut bin, obwohl du mich kaum kennst?"

„Natürlich. Im Grunde sind alle Menschen gut."

„Nun, vielleicht tief, tief irgendwo im Innern. So tief, dass ich das kaum bei einigen Menschen merke.

Also, wenn du sagst, dass ich gut bin, dann meinst du das in dem Sinne, dass jeder gut ist? Selbst das schwärzeste Schaf? Ist das eine Decke von wohlwollenden Gefühlen, in die du jeden einwickelst? Ist deine Bemerkung, dass ich gut bin, nur eine freundliche und, verzeih mir, aus dem Ärmel geschüttelte Bemerkung?"

„Du denkst vielleicht, dass du gute Taten vollbringen musst, um gut zu sein, was immer auch diese guten Taten sind. Möglicherweise glaubst du auch, dass du dein Gut-Sein und deinen Wert dir selbst, anderen Menschen und Gott beweisen musst, bevor du dich selbst als gut ansehen kannst. Übrigens, du könntest dieses Ziel, gut und wert werden zu müssen, dein ganzes Leben lang verfolgen: du wirst es niemals erreichen. Was du statt dessen erreichst, ist ein Gefühl von Selbstgerechtigkeit, und das führt dich natürlich bergab.

Nein, du musst nicht beweisen, dass du gut bist. Du BIST gut. Gut-Sein ist deine wahre Natur."

„Netter Gedanke, aber er stellt mich nicht zufrieden. Da ist nichts, was ich erfassen kann. Ähnlich wie mit einem Gemälde von einer Mahlzeit, aller nur Leinwand und Ölfarbe. So hungrig ich auch sein mag, ich kann es nicht essen. Kannst

du mir helfen? Ich würde wirklich gern glauben, dass ich gut bin."

„Es gibt wirklich nur eines, was du mit Sicherheit über dich sagen kannst, nämlich dass du existierst. Diese Beobachtung und dieses Verständnis gehen einher mit einem Gefühls-Ton, dem Gefühls-Ton deines eigenen Wesens. Dieser Gefühls-Ton ist dein ganzes Leben lang da, von der Geburt bis zum Tod und darüber hinaus. Du kannst es das „Ich-Bin"-Gefühl nennen.

Ich frage mich, ob du es jetzt fühlen kannst."

„Du meinst jetzt, in diesem Augenblick?"

„Klar. Besser jetzt als gar nicht."

„Ehrlich gesagt, ich finde das schwierig. Es hört sich dumm an, ich weiß, aber

kannst du mir dabei helfen, dieses „Ich-Bin"-Gefühl, wie du es nennst, zu fühlen?"

„Sicher. Erst einmal, werde dir deines Körpers bewußt, wo du sitzt, wie dein Körper auf dem Stuhl ruht. Fühle deine Füße…"

„Entschuldige bitte, was meinst du mit "fühle deine Füße"? Sie anfassen?"

„Nein, fühle sie von innen. Werde dir deiner Füße gewahr."

„Junge, Junge, das ist schwieriger, als ich es mir vorgestellt habe. Meine Füße fühlen. Gib mir bitte mal einen Moment. Meine Füße fühlen… Man könnte meinen, dass es das Natürlichste in der Welt ist, meine Füße zu fühlen. Schließlich sind sie ja ein Teil von mir, aber nein, es ist schwierig. Ich weiß, dass ich Füße habe habe, aber sie fühlen?"

„Lass dir Zeit. Es hilft dir vielleicht, wenn du die Zehen etwas bewegst."

* * *

„Richtig, ich hab' das hingekriegt. Es ist nicht so verschieden von dem, wie ich vorher gefühlt habe. Übrigens, angenehmes Gefühl, so als wenn ich lebendiger bin. OK. Was kommt jetzt?"

„Fühle deinen Atem, wie du ein- und ausatmest."

„Das kann ich."

„Werde dir deines ganzen Körpers gewahr."

„Ich komme dahinter! Es ist leicht, wenn man weiß, wie man das machen muss."

„Und werde dir der subtilen Energieströme in deinem Körper gewahr."

„Musst du es unbedingt schwieriger machen? Ich dachte gerade, dass ich das gut kann, und nun verdirbst du das alles. Was für Energien soll ich in meinem Körper fühlen?"

„Sch. Mach es einfach nur. Wenn du den Körper fühlen kannst, kannst du auch deine inneren Energien fühlen. Lass deinen Verstand ruhig werden und richte deine Aufmerksamkeit nach innen. Wenn du deine Energien fühlen willst, wirst du sie letzten Endes auch fühlen. Das ist ganz natürlich. Du kannst es."

* * *

„Ja, ich fange an, sie zu fühlen. Es ist kein starkes Gefühl, aber ich fühle so etwas wie Energien durch mich hindurch

fließen. Merkwürdig, ich habe gar nicht gewusst, dass sie da sind."

„Bist du bereit für mehr?"

„Auf jeden Fall."

„Werde dir jetzt einer inneren Gegenwart gewahr."

* * *

„Nun, wie fühlst du dich? Bist du dir deiner selbst mehr gewahr?"

„Das ist es! Ganz genau! Ich bin mir meiner selbst mehr gewahr! Natürlich, ich wusste immer, dass ich ich bin. Wer sonst sollte ich sein? Aber ich habe kaum jemals darüber nachgedacht."

„Nun behalte dieses Gewahrsein von dir selbst im Sinn."

* * *

„Wie fühlt sich das an?"

„Es fühlt sich gut an."

„Wie ist es mit dir selbst? Was für ein Gefühl
hast du über dich selbst?"

*„Ich habe ein gutes Gefühl über mich
selbst. Wirklich."*

„So, denkst du jetzt, dass du gut bist?"

„Ich bin gut."

Kapitel 6

Alle Menschen und das vibrierende Universum

„Denkst du, dass es möglich ist, gute Beziehungen mit allen Menschen zu haben, nicht nur mit der Familie und den Freunden?"

„Was meinst du mit den Worten „mit allen Menschen"? Meinst du jeden auf der Erde, mehr als 7 Milliarden Menschen?"

„Ich dachte an alle Menschen in meinem Leben, wie Nachbarn und Kollegen. Al-

*lerdings, das ist ein interessanter Ge-
danke, gute Beziehungen mit allen auf
der Erde zu haben nicht wahr? Ist das
möglich?"*

„Nun, Beziehung bedeutet zwei Parteien –
du und ein anderer, du und viele andere, du
und die Menschheit. Auf eine gewisse Weise
haben wir eine Beziehung mit allen anderen,
weil wir alle miteinander verbunden sind.
Schließlich sind wir alle Menschen, die zu
dieser bestimmten Zeit auf dem Planeten Erde leben. Wir sind eine Menschheit, egal wie
verschieden wir handeln, aussehen oder uns
benehmen, nicht wahr?"

*„Aber wir kennen sie nicht, richtig? Wie
können wir dann eine Beziehung miteinander haben?"*

„Es ist keine unmittelbare und direkte

Beziehung wie deine Beziehungen mit deinen Freunden. Du kennst deine Freunde, zumindest zu einem gewissen Grad, und du empfindest, wie du dich fühlst, wenn sie dich anlächeln oder kritisieren.

Wir sind uns dessen nicht bewußt, wie all die anderen auf der Erde sich speziell fühlen. Dennoch ist unsere Erfahrung mit der Menschheit heutzutage anders als zuvor – wir wissen viel mehr von dem, was „am anderen Ende der Welt", wie man so schön sagt, vor sich geht. Tsunamis, Erdbeben, Wirbelstürme – wir hören oder lessen von ihnen. Selbst wenn du nichts davon in der Zeitung liest, verbreitet sich die Nachricht übers Radio, Fernsehen, Internet und Hören-Sagen.

Auf einer gewissen Ebene wissen die Menschen überall auf der Welt voneinander und haben Mitgefühl miteinander. Dieses Mitgefühl ist wie aufsteigende Sterne, Strahlen der Hoffnung in der Dunkelheit."

Brigitte Novalis

„Ja, und Leute schicken Geld, um den Opfern von Katastrophen zu helfen. Alle reicheren Länder auf der Welt tun das."

„Nicht nur die reichen Länder; die großzügige Hilfe kommt aus Ländern mit unerchiedlichen Enkommen. Es ist bewegend zu erfahren, dass Bevölkerungen, die selbst finanziell zu kämpfen haben, es ermöglichen, reicheren Nationen beizustehen. Sie denken dabei nicht so sehr an die reiche und mächtige Nation, wo die Katastrophe passiert ist, sondern an ihre Bürger, die leiden und Angst haben und Hilfe brauchen. Möglicherweise denken sie: „Sie sind wie wir und rackern sich ab wie wir und leiden wie wir. So will ich ihnen mal helfen." Ich denke, das ist eine sehr gute Beziehung."

„Unbedingt, das ist gut. Dennoch, es ist eine Beziehung aus zweiter Hand. Wir fühlen nicht, was vor sich geht, nicht

wahr? Wir haben darüber gelesen oder gehört."

„Wenn du einfühlsamer wirst – und wir alle werden einfühlsamer in unseren Zeiten – fühlst du beim Aufwachen, dass etwas passiert ist. Du kannst den Aufruhr und die Verzweiflung fühlen, obwohl du zu der Zeit nicht genau weißt, was passiert ist. Wiederum, dieses Gewahrsein *kann* gelernt werden. Später hörst du dann vielleicht in den Nachrichten, was geschehen ist."

„Der Unterschied ist, dass ich mit meinem Freund sprechen kann, wenn er in Schwierigkeiten ist, und ihm helfen und ihn trösten kann."

„Während es wahr ist, dass du diese anderen nicht umarmen und nicht mit ihnen sprechen kannst, helfen und trösten kannst du sie dennoch."

„Helfen, ja, aber wie kann ich sie trösten?"

„Gute Frage. Egal ob sie gerade vor dir sind oder Tausende von Kilometern von dir entfernt, du kannst freundlich an sie denken und ihnen alles Gute wünschen. Du kannst dir vorstellen, dass du sie umarmst. In deiner Vorstellung kannst du sehen, wie sie wieder lächeln und ihre Familie wiedertreffen und ihre Häuser wieder aufbauen. In deinen

Gedanken kannst du ihnen sagen: „Ich weiß, dass ihr mutig und gut seid und dass ihr euren Weg schon findet. Ihr werdet geliebt und ihr verdient es." In deiner Vorstellung kannst du sehen, wie es ihnen gut geht, und das wird ihnen wirklich helfen."

„Das wird ihnen helfen? Wie denn?"

„Erinnnerst du dich daran, dass wir darüber gesprochen haben, dass Gedanken nicht nur in deinem Kopf "passieren"? Ich habe dir beschrieben, dass sie Energien sind, die wir aussenden, und die von anderen empfangen werden können."

„Ja, ich erinnere mich daran, dass wir darüber gesprochen haben mit Bezug auf meine Familie und Freunde. Zu der Zeit leuchtete mir das ein, aber im Augenblick bin ich überfordert. Wie kann es sein, dass solch zarte Dinger wie Gedanken irgendeinen Einfluss haben können auf Menschen, die Tausende von Kilometern entfernt sind?"

„Um diese Frage zu beantworten, lass uns mal einen Augenblick philosophieren. Bist du damit einverstanden?"

„Schieß los!"

„Du hast von Albert Einstein und seiner berühmten Formel gehört, nicht wahr?"

Brigitte Novalis

„Natürlich, wer hat das nicht?"

„Darf ich dich fragen, ob du dich an die Formel erinnerst?"

„Lass mir mal einen Augenblick Zeit. Ich habe sie so oft gesehen... richtig, so sieht sie aus:

$$e = mc^2$$

Und ich weiß auch, was diese Formel bedeutet – Energie (e) ist gleich der Masse (m) multipliziert mit der Lichtgeschwindigkeit (c) zum Quadrat. Nicht einfach nur die Lichtgeschwindigkeit, sondern die Lichtgeschwindigkeit multipliziert mit der Lichtgeschwindigkeit. Beeindruckend, nicht wahr?"

„Unbedingt. Was Einstein darlegte ist, dass Energie und Masse zwei verschiedene Ausdrucksformen des gleichen universellen Stoffes sind – fundamentale Energie. Erstaunlich, nicht wahr? Und was noch erstaunlicher ist? Wir alle bestehen aus dieser universellen Energie."

„Ehrlich gesagt, das kann ich mir nicht vorstellen. Wie ist es mit Atomen? In der Schule haben wir gelernt, dass alles aus Atomen besteht, und Atome sind kleine Materie-Klümpchen, nicht wahr?"

„Das nimmt das Bohrsche Atom-Modell an. Im quantenmechanischen Atom-Modell haben wir einen Kern umgeben von einer Wolke von Elektronen. Diese Elektronen kreisen andauernd um den Kern, und so vibriert der Kern selbst auch. Alle Dinge vibrieren, weil alle Dinge aus Atomen bestehen.

Hier ist ein anderer faszinierender Gedanke. Wenn wir uns vorstellen, dass wir die Größe eines Atoms ausweiten auf die Größe unseres Sonnensystems, könnten wir sehen, dass die Elektronen so weit vom Kern entfernt sind wie die Planeten von der Sonne in unserem Sonnensystem. Das Atom ist 99.9% Raum, also nicht unbedingt ein Materie-Klümpchen."

„Aber wenn Materie hauptsächlich Raum ist, wie können wir dann irgendetwas als fest sehen oder fühlen?"

„Weil unsere eigenen Körper auch aus Atomen bestehen, so wie der Stuhl, auf dem du sitzt. Erstaunlicherweise ist ein Atom im Grunde nichts als Energie und Information."

„Hm ... ich habe das vorher nicht so mitgekriegt, obwohl ich wusste, dass wir aus Atomen bestehen. Das ist ein ungewohnter Gedanke."

„Da stimme ich dir zu. Es ist schwierig, sich das vorzustellen, aber ich habe eine noch seltsamere Idee, über die du nachgrübeln kannst: Ein anderer berühmter Denker des vorigen Jahrhunderts, Max Planck, der No-belpreisgewinnende Vater der Quanten-Theorie,

schrieb: „Alle Materie entsteht und besteht nur durch eine Kraft … Wir müssen hinter dieser Kraft einen bewussten intelligenten Geist annehmen. Dieser Geist ist der Ur-grund aller Materie."

„Interessant. Es sieht also so aus, als wären wir nicht so fest, wie wir zu sein glauben. Da könnte es wirklich eine Art und Weise für mich geben, auf die an-deren am anderen Ende der Welt mit meinen Gedanken einzuwirken. Ehrlich, darüber muss ich ein anderes Mal nach-denken. Weißt du, das ist bahnbrechen-der Stoff."

Brigitte Novalis

„Oh ja, da stimme ich dir zu. Nun, willst du es jetzt machen?"

„Was machen?"

„Sie trösten."

„Du meinst die Menschen in Schwierigkeiten am anderen Ende der Welt?"

„Ja, natürlich."

„Und du denkst, ich kann das?"

„Hast du eine Vorstellungskraft?"

„Ja, natürlich, aber einfach so hier und jetzt?"

„Du kennst meine Meinung. Die beste Zeit ist jetzt."

82

„Wirst du mir dabei helfen?"

„Natürlich. Erst einmal möchte ich, dass du den Zweifel fühlst, der sagt: „Ich weiß nicht, ob ich es tun kann, und ich weiß schon gar nicht, ob es funktioniert." Kannst du das fühlen?"

„Oh, ja, ganz bestimmt."

„So, zuallererst, fühle es, ohne weitere Gedanken zu denken oder Situationen vorzustellen. Fühle einfach nur den Zweifel. Dann stelle dir vor, dass du diesen Zweifel im Arm hältst, wie du das kleine Kind im Arm hältst, das du einmal warst.

Vielleicht ist dieses Zweifel-Babyselbst grau. Nun liebe es. Halte es zärtlich und liebe es. Tröste es. Liebe es soviel wie du nur irgendjemanden lieben kannst. Nach einer Weile wirst du keinen Zweifel mehr fühlen, sondern Liebe. Lass mich wissen, wenn es soweit ist."

* * *

„Nun, wie ist es?"

„Besser. Es fühlt sich so an wie 'alles Gute kann passieren'".

„Ist das ein gutes Gefühl oder nicht? Gefällt es dir?"

„Ja, unbedingt."

„Jetzt beschleunige deine Energien noch mehr und liebe das Baby-Selbst, das du warst – nicht das graue Zweifel-Baby – und lass mich bitte wissen, wenn du dich sehr gut fühlst."

* * *

„Wie fühlst du dich jetzt?"

„Sogar noch besser."

„Nun stell dir bitte eine Gruppe von Menschen in der Gegend der Katastrophe vor. Stell dir vor, dass du sie anlächelst, mit ihnen sprichst und sie tröstest. Ich möchte auch, dass du siehst, wie sie zurück lächeln, selbst wenn es nur für einen kurzen Augenblick ist. Lass mich wissen, wenn du fertig bist."

107

„Fertig."

„Nun möchte ich, dass du sie liebst, wie du dein kleines Baby-Selbst liebst. Liebe sie von ganzem Herzen. Liebe sie alle zusammen oder jeden Einzelnen, was immer sich am besten anfühlt. Liebe sie einfach."

* * *

„Du lächelst. Du kannst es tun, nicht wahr?"

„Ich bin überrascht. Ja, ich kann Liebe für sie fühlen."

„Jetzt stelle sie dir bitte in glücklicheren

Umständen vor. Stell dir vor, dass ihre Häuser besser gebaut sind als zuvor. Sieh, wie ihre Kinder glücklich spielen. Sieh sie beim Abendessen, und wie sie sich über das gute Essen freuen. Sieh sie gut gekleidet und in schöner Umgebung. Stell dir das beste Leben für sie vor."

„Was ist das beste Leben für sie?"

„Strecke deine Vorstellungskraft. Gib dein Bestes. Deine gute Absicht ist alles, was du hier brauchst. Sie werden selbst herausfinden, was sie mit der guten Energie machen, die du ihnen schickst."

„Das macht mich irgendwie ganz bescheiden."

„Zu einer anderen Zeit werden SIE es sein, die DIR gute Energien schicken. Im Augenblick nutze deine großartige Gabe der Vorstellungskraft. Vertraue dem Vorgang und tu dein Bestes."

* * *

„Nun, das hat einige Zeit gedauert. Wie fühlst du dich?"

„Ich fühle, dass ich irgendwo unbekannte Freunde habe."

Kapitel 7

Das Meer des Wohlbefindens

„Seit wir angefangen haben, miteinander zu reden, hat sich mein Leben zum Besseren geändert. Ich fühle mich im Allgemeinen gelassener, bis auf heute. Heute ist einer dieser Tage, an denen alles schief geht. Am liebsten möchte ich aus meiner Haut fahren."

„Möchtest du dich gern besser fühlen?"

„Natürlich!"

Brigitte Novalis

„Dann will ich dich mal mit dem "Meer des Wohlbefindens" bekannt machen."

„Meer des Wohlbefindens? Ist das eine Visualisierung oder was?"

„Die Art, wie du „Visualisierung" sagst, hört sich so an, als wenn du sie für albern oder sinnlos hältst."

„Nun, ich will deine Gefühle nicht verletzen, aber wenn ich mir etwas vorstelle und so tue, als ob es Wirklichkeit sei, ist das nicht ein bisschen albern?"

„Oh, ist das deine Meinung? Sehr interessant! Du sagst also, dass wenn wir uns etwas ausdenken und und es für Wirklichkeit halten, dass das Unsinn ist?"

„Es ist nicht wirklich, nicht real; nicht real wie ein Stuhl oder ein Baum, nicht wahr?"

„Richtig, du kannst es nicht anfassen oder ein Photo davon machen. Du kanst es nicht in eine Schublade legen. Aber das gilt auch für Liebe. Du kannst Liebe nicht in eine Schublade legen. Aber ich frage dich: existiert Liebe? Existiert Freundschaft? Existieren Treue, Freiheit und Kreativität?"

„Da gibt es einen Unterschied. Liebe und Freiheit und Kreativität existieren schon. Ich muss sie mir nicht mehr ausdenken."

„Also sind einige Dinge wie Liebe, Freiheit und Kreativität, die man nicht anfassen oder sehen kann, wirklich und andere Dinge wie Pläne und Ideen nicht? Wenn du zum Beispiel eine gute Idee hast und zum nächsten Meeting in deiner Firma gehst und sagst: „Hört mal, ich habe eine Lösung für dieses Problem", ist das eine wirkliche Lösung oder nicht?"

Brigitte Novalis

„Wenn sie der Anregung folgen und sie anwenden, dann ist es etwas Reales."

„Was macht es deiner Meinung nach real?"

„Das Ergebnis."

„Interessant. Was denkst du, wenn eine Visualisierung Ergebnisse mit sich bringt, ist das deiner Meinung nach real?"

„Ja, das Ergebnis ist real."

„Stimmst du mir zu, dass das Ergebnis nicht da wäre, wenn du nicht vorher eine Lösung oder etwas anderes Ungreifbares in deinem Geist erschaffen hättest?"

„Von dem Standpunkt aus habe ich das nie betrachtet, aber das macht Sinn. Erzähle mir jetzt bitte alles über das Meer des Wohlbefindens."

„In Ordnung. Los geht's. Schließe deine Augen und mache es dir in deinem Sessel gemütlich. Ich möchte, dass du mit deinen inneren Sinnen hörst und siehst und fühlst.

Dieses Meer ist weit und hell und hat jede Farbe, die dir gefällt. Es ist dichter als Luft aber nicht so dicht wie Wasser. Du kannst leicht darin herumschweben, sanft nach oben oder nach unten, nach links oder rechts. Du kannst auch einfach bleiben, wo du bist, als wenn du auf einer Wolke liegst.

Du kannst einatmen und ausatmen. Du kannst deinen ganzen Körper mit der Substanz des Meeres des Wohlbefindens füllen.

Es fühlt sich so gut an, dieses Meer des Wohlbefindens. So weit, so frei, so

freudig. Es breitet sich in alle Unendlichkeit aus.

So frei in diesen hellen, funkelnden Farben zu schweben, diese Freiheit und dieses Wohlbefinden einzuatmen – das fühlt sich so gut an."

* * *

„Klasse. Das fühlt sich gut an. Für eine Weile war ich wirklich da. Zum Lachen, dass ich „wirklich" sage nach unserer Diskussion, was wirklich ist und was nicht. Jedenfalls hat sich dieses für einen Augenbick wirklich genug angefühlt.

Ich wünschte, ich könnte mich häufiger so gut fühlen. Im Augenblick fühle ich mich gut, aber ich kann so schnell ärgerlich werden und ich kann nicht immer mein Ärger-Baby lieben oder im Meer des Wohlbefindens schweben. Was mach ich dann?"

„Mit der Zeit lernst du, anders zu denken. Rom wurde nicht an einem Tag erbaut. In der Zukunft, wenn du wieder so schnell ärgerlich wirst, entspann dich und sage dir: "Ah, hier ist wieder das alte Programm." Und wenn du das denkst, kommst du da heraus. Du bist vielleicht noch zu einem gewissen Grad ärgerlich, aber du identifizierst dich nicht mehr mit dem Ärger. Er ist nur eines von diesen Programmen, die durch deinen inneren Computer laufen, ein Programm, dass du Tag für Tag ein wenig veränderst, weil du es leid bist und dich lieber gut fühlen willst."

„Das hört sich so an, als wenn ich Kontrolle über das habe, was ich fühle."

Brigitte Novalis

„Sicherlich. Wer anders als du?"

Kapitel 8

Kleine Kinder und die Freiheit der Wahl

„*Ich verstehe jetzt, wie man glücklichere Beziehungen erschaffen kann. Das ist nicht nur eine nette Idee, sondern eine reale Option, etwas, das machbar ist, und das jeder, sogar ich, erfahren kann.*

Ich bin froh, dass ich dich getroffen und gelernt habe, bessere Beziehungen zu haben. Seit ich diese Veränderungen in mir gemacht habe, fühle ich mich anders:

entgegenkommender, freundlicher und glücklicher. Natürlich verstehe ich, dass ich das zu üben und zu leben habe. Und ich werde es tun!

Da gibt es jedoch etwas, das mich stört. Wenn ich mich unter den Menschen in meinem Leben umschaue, macht es mich traurig, dass es soviel Kummer gibt. Es scheint, dass die Leute kaum miteinander auskommen, obwohl sie gute Menschen sind und gute Absichten haben. Sind sie glücklich in ihren Beziehungen? Eigentlich nicht. Einige sind einsam. Einige fühlen sich einsam, obwohl sie mit einem Partner oder der Familie zusammen leben.

Es scheint, dass ihnen der Sinn für Freundlichkeit, Verständnis, Freundschaft und Freude fehlt, den ich jetzt dank unserer Gespräche und der

Änderungen, die ich gemacht habe, erlebe.

Wie können sie lernen? Wer wird es ihnen erklären? Es sollte natürlich sein, dass Menschen wissen, wie sie in Harmonie miteinander leben können. Warum fehlt das in unserer Ausstattung? Warum haben wir nicht diese wichtige Fähigkeit?

Warum sind wir nicht von Anfang an glücklich?"

„Wenn wir geboren sind, fangen wir an in diesem gewaltigen Meer zu treiben, das wir Menschheit auf dem Planeten Erde nennen, selbst ein Tropfen in diesem Meer. Millionen und Billionen von diesen Tropfen bilden die Menschheit. Sie denken ihre Gedanken; fühlen ihre Gefühle; sie handeln oder ruhen.

Es fühlt sich so an, als wenn jeder Tropfen dieses menschlichen Meeres seine eigene

Dichte und Temperatur hätte. Einige sind klarer; andere sind trüber. Einige wenige scheinen wie flüssige Kristalle zu sein.

Andere sind dunkel und undurchsichtig. Sie haben verschiedene Töne und Geschmacksarten und Düfte.

Obwohl du in dieses Leben mit großen Erwartungen kommst, kannst du überwältigt werden von dem Getöse von all dem Denken und Fühlen um dich herum. Diese vielen Töne und Farben und Düfte haben einen Einfluss auf dich, und du auf sie, natürlich. Der größte Einfluss kommt von deinen Eltern, Geschwistern, Nachbarn und so weiter.

Viele dieser Gedanken und Gefühle, die dich beeinflussen, sind traurig oder ärgerlich oder angstvoll. Obwohl du gerade angekommen bist, fühlst du sie. Du weißt, was um dich herum vorgeht.

Viele von uns fangen gleich von Anfang an, mit diesen emotionalen Energien zu vibrieren. Wir werden ähnlich in Klang und Farbe wie die, die uns umgeben, obwohl sie anders sind als unsere eigenen Vibrationen. Das ist der Grund, warum wir oft nicht von Anfang an glücklich sind."

„Du sagtest, „von Anfang an". Du denkst doch nicht an ganz kleine Babys, oder? Die können doch nicht schon am ersten Tag ihres Lebens denken?"

„Wenn du ein Baby anschaust oder eine Frau oder einen Mann oder einen Hund oder einen Baum, was das betrifft, dann ist das, was du siehst und hörst oder anfasst, nur die Verpackung.

In dieser Verpackung ist mehr. Im Innern ist etwas, was du nicht mit deinen Augen sehen oder mit deinen Ohren hören oder mit deinen Händen anfassen kannst.

Dieses Etwas ist vibrierende Energie und zwar bewusste Energie, und diese bewusste Energie, die wir SIND, befähigt uns natürlich, zu denken und zu fühlen.

Ein Baby muss keine Worte oder Grammatik kennen, um denken zu können. Denken und Fühlen und das Verarbeiten von Informationen geschehen immerzu. Die Sprache kommt später."

„So, wenn die Menschen um uns herum traurig oder ärgerlich sind, fühlen wir das als kleine Babys und werden selbst traurig oder ärgerlich?"

„Sagen wir mal, wir werden gleich von Anfang an beeinflusst von den Gedanken und Gefühlen anderer."

„Also haben wir keinerlei Einfluss darauf? Wir sind nur die Produkte unse-

rer Umgebung? Wir spiegeln nur das wider, was sich schon um uns herum abspielt? Ohne unsere eigene Freiheit? Das ist schrecklich!"

„Oh, du hast schon Freiheit. Du bist frei, ob du es weißt oder nicht. Du bist frei, ob du es willst oder nicht. Du bist wirklich frei, zu denken und zu fühlen und dir vorzustellen, was du willst."

„Dennoch scheint es so ungerecht zu sein, dass viele Kinder in einer Umgebung aufwachsen, in der die Menschen sich schlecht fühlen, und dass sie deshalb selbst lernen, sich schlecht zu fühlen. Ihre Familie ist verantwortlich dafür. Sie müssen dafür sorgen, dass ihre Babys sich wohl fühlen. Es ist ihre Pflicht. Und wie ist das mit der Liebe? Sie müssen ihre Babys lieben. Wenn nicht, wann werden sie je fähig sein, Liebe zu empfinden?"

„Wir sind fähig, Liebe und gute Gefühle in uns selbst zu erzeugen."

„Komm schon! Kleine Babys, die hilflos herumliegen und von anderen abhängig sind für Nahrung und Schutz und alles andere – die sollen in der Lage sein, glückliche Gefühle in sich selbst hervorzurufen? Wie können sie das tun? Sie glücklich zu machen, ist die Verantwortung der Familie, in die sie geboren wurden."

„Was geschieht, wenn ihre Familienmitglieder nicht fähig sind, zu lieben und sich gut zu fühlen? Denkst du nicht, dass es etwas in uns geben muss, eine angeborene Fähigkeit, Freude und Liebe für uns selbst in uns hervorzurufen, unabhängig von anderen?"

„Das hört sich gut an, aber was könnte das sein?"

„Erinnere dich daran, dass das Energie-Bewusstsein, das du bist, immer und ewig ist. Es befähigt dich, zu denken und zu fühlen. Du kannst wählen, was du denken und fühlen willst. Du kannst wählen, dich gut oder schlecht zu fühlen. Das ist deine Freiheit."

„Aber ist es nicht schwierig für ein Kind, erst recht für ein neu geborenes Baby, zu wählen, was es denken und fühlen will?"

„Nicht schwieriger als für Erwachsene wie du und ich."

„Das ist alles so neu für mich. Ich bin verwirrt. Kannst du mir ein Beispiel geben?"

„Vor einigen Jahren traf ich einen jungen Mann in einer Meditationsgruppe. Ich will ihn mal Bill nennen. Beim Abendessen erzählte er mir seine Geschichte, an die ich immer noch erinnere. Sie hat mich tief beeindruckt.

Bill wuchs in den Slums von Chicago auf. Die Familie lebte mit vielen anderen in einer überfüllten Unterkunft. Es gab nicht genug zu essen. Die Eltern waren recht nett aber manchmal gaben sie das wenige Geld, das sie von der Wohlfahrt erhielten, für Alkohol aus, und wenn sie betrunken waren, schlugen sie die Kinder. Hinterher, wenn sie wieder nüchtern waren, entschuldigten sie sich und weinten.

Als Bill sieben Jahre alt war, nahm er sich vor, ein besseres Leben zu leben. Nun, es ist gut, so einen Entschluss zu fassen, dennoch muss der nächste Schritt folgen, oder es verändert sich gar nichts."

„Was ist der nächste Schritt? Was hat der Junge gemacht?"

„Etwas, für das ich ihn bewundere. Er beurteilte seine Eltern nicht. Er bemitleidete sich selbst nicht. Er wälzte nicht andauernd die schrecklichen Dinge in seinem Kopf herum, die in seiner Umgebung passierten.

Das war weise, denn wenn er über Armut, Traurigkeit und Angst immer wieder nachgedacht hätte und sich und dann dieses Leid auch gefühlt hätte, hätte ihn das in die gleichen Lebensumstände einzementiert. Du erinnerst dich daran: du ziehst in deine Lebenserfahrung das, worüber du nachdenkst.

Stattdessen dachte er an etwas anderes. Er fand ein Versteck, in dem er immer wieder darüber tagträumte, wie er sich sein Leben wünschte. Er wollte eines Tages so ein Bankbeamter sein, wie er ihn im Fernsehen gesehen hatte, in einem Anzug mit Weste, mit einer Aktentasche und einem roten BMW mit Schiebedach. Er hielt diese Vorstellung fest in seinem Sinn und – anders als seine Geschwister – ging er regelmäßig zur Schule, machte seine Hausaufgaben gewissenhaft und wurde ein guter Schüler.

Eines Tages, als einer der Wohltäter der Schule nach einem exzellenten Schüler fragte, den er fördern könnte, wurde er gewählt. Er wurde zu einer privaten Schule geschickt, dann zu einem berühmten College, und schließlich wurde er ein Bankbeamter in einem Anzug mit Weste, mit einer Aktentasche und einem roten BMW mit Schiebedach.

„Als Erwachsener brauche ich wirklich keinen roten BMW mit Schiebedach", sagte er mir, „ich wäre mit jedem anderen zuverlässigen Auto zufrieden. Ich habe nur deswegen den BMW gekauft, um das Versprechen zu erfüllen, das ich dem kleinen Jungen gab, der ich einmal war.""

„Toll! Beeindruckende Geschichte! Aber dieser Junge war schon sieben Jahre alt.

Es muss doch bei Babys anders sein, nicht wahr? Baby's können sich doch nicht für etwas entscheiden."

„Als Babys oder als Erwachsene lernen und erweitern wir uns – wenn wir das wollen. Als Babys und als Erwachsene haben wir die Fähigkeit, uns der Liebe in uns und um uns herum gewahr zu werden. Selbst wenn es nicht viel Liebe von unseren Familien gibt, das gibt es immer noch die Liebe vom Göttlichen."

„Nun, das muss ich mir eine Weile durch den Kopf gehen lassen. Ich muss immer wieder daran denken, wieviel glücklicher ich wäre, wenn meine Eltern das verstanden hätten oder selbst glücklicher gewesen wären. Zu schade!"

„Eigentlich nicht. JETZT verstehst du mehr über Glücklichsein. JETZT wirst du dir mehr deiner Chance zu wählen gewahr. Alles, was du tun musst, ist JETZT gute Entscheidungen zu treffen."

„Was für gute Entscheidungen hast du im Sinn?"

„Die Entscheidung, glücklich zu sein; die Entscheidung, dein Herz zu öffnen; die Entscheidung, dein Leben zu schätzen; die Entscheidung, still zu werden und die alten negativen Energien zu fühlen und zu lieben und so zu transformieren. Das führt dich zum Beginn des Lebens, das du wirklich leben willst."

„Ich bestimme also über mein Leben?"

„Allerdings! Ist das nicht gut zu wissen?"

„Ich weiß nicht. Einerseits fühle ich mich sehr gut dabei, andererseits macht mir das Angst. Das ist ein neuer Gedanke, eine neue Verantwortlichkeit."

„Alles Neue kann uns Angst einjagen bis …"

„wir uns daran gewöhnen!"

„Du lernst schnell. Ich bin beeindruckt. Herzlichen Glückwunsch!"

Kapitel 9

Das goldene Tor

*„Wir haben über Wahl-Möglichkeiten ge-
sprochen. Zum Beispiel, dass wir wählen können, glücklich zu sein. Aber wie
können wir glücklich sein, wenn so viele Menschen um uns herum unglücklich
sind?*

„Einige Dinge in unserer Welt sind ziemlich
chaotisch, wie ich zugeben muss. Aber welche
Einstellung ist hilfreicher und mutiger – zu
jammern oder einen frischen Anfang zu machen?"

Brigitte Novalis

„Wie können wir einen frischen Anfang machen? In unserer Regierung gibt es so viele Konflikte, und es wird noch komplizierter, wenn du an die Beziehungen zwischen den verschiedenen Ländern denkst. Selbst in den Familien kommen viele Menschen nicht miteinander aus."

„Oh nein, ich denke nicht daran, dass Regierungen oder Organisationen uns retten. Der frische Anfang beginnt mit jedem von uns. Jeden Tag ein wenig freundlicher. Jeden Tag ein wenig glücklicher. Jeden Tag einige Augenblicke der Stille. Jeden Tag ein wenig mehr Dankbarkeit. Kannst du dir vorstellen, wie das schließlich uns und die Welt, in der wir leben, verändern wird?"

„Das könnte eine enorme Veränderung sein."

"Dann lass uns mal anfangen."

„Wie?"

„Mit dem goldenen Tor. Stell dir bitte vor, dass jedes Mal, wenn du die Richtung änderst, zwei Tore vor dir erscheinen."

„Die Richtung ändern – was meinst du damit?"

„Zum Beispiel, wenn du morgens aufwachst – wirst du dir deines Körpers gewahr, deines Bettes und der Temperatur im Zimmer und auch wie du dich fühlst."

„Du meinst, wie sich mein Körper anfühlt?"

„Ja, und deine Emotionen. Nun, einige Menschen wachen auf und fühlen sich wohl. Ihr Körper ist wie eine glückliche Katze, die sich gemütlich zusammen gerollt hat. Diese Menschen strecken sich und gähnen und öffnen ihre Augen und sind bereit, einen guten Tag zu beginnen."

„So geht es mir nicht. Wenn ich aufwache, fühle ich mich mies. Ich wünsche, dass ich mir die Decke über den Kopf ziehen und weiter schlafen könnte."

„Warum ist das so?"

„Ich denke an all die Arbeit, die im Büro auf mich wartet, meine lausige Fahrt zum Büro und die langweilige Besprechung um 10. Nicht gerade das reine Vergnügen, wie ich dir versichern kann."

„Aha. Da haben wir's."

„Wieso „aha"? Ist das nicht normal?"

„Normal, vielleicht, aber nicht natürlich. Was für ein Leben ist das, wenn du deinen Tag schon frustiert beginnst? Jedenfalls ist dieses Aufwach-Szenarium ein gutes Beispiel. Wenn du aufwachst und anfängst, an den Tag zu denken, hast du zwei Möglichkeiten: frustriert zu sein oder freudige Erwartung zu fühlen. Das sind die zwei Tore, die du vor dir siehst: das dunkle und das goldene Tor.

Du kannst dir vorstellen, dass das dunkle Tor vor dir aufragt und ein Gefühl von Furcht ausströmt. Wenn du es öffnest, siehst du auf die Landschaft deines Lebens, und sie ist grau und trübselig. Stell dir vor, dass dunkle Tinte auf dich herab regnet, wenn du hindurch gehst.

Das goldene Tor hingegen ist einladend. Wenn du es öffnest, schaust du auf eine alternative Landschaft deines Lebens, die üppig und bunt ist, strahlend im Sonnenschein. Stell dir vor, dass goldenes Licht sanft auf dich herab regnet, wenn du hindurch gehst, und dich mit heller Energie erfüllt.

Dies sind die zwei Tore, die immer vor uns sind: das dunkle Tor und das goldene Tor. Jeden Augenblick haben wir die Wahl, und wie wir uns entscheiden, bestimmt die Qualität unseres Lebens.

Wenn du also am Morgen an den kommenden Tag denkst, wäre es weise, durch das goldene Tor zu gehen und mit frohen Augen auf deine Arbeit zu blicken."

„Ich bin mir nicht sicher, ob ich dich richtig verstehe. Diese Tore – sind das Metaphern für die Wahlmöglichkeiten, die wir haben?"

„In gewisser Weise ja, aber da ist noch mehr. Wenn du deinen kreativen Geist benutzt und dir diese Tore vor dir vorstellst und dich entscheidest, durch eines von ihnen zu gehen, wirst du merken, dass du entweder Energie gewinnst oder verlierst."

„He! Das ist ungerecht! Wieso unterstellst du, dass das dunkle Tor mir Energien wegnimmt?"

„Immer mit der Ruhe! Ich will ja nur beschreiben, wie deine Entscheidungen dich beeinflussen. Erinnere dich daran, dass es hier darum geht, Änderungen hervorzurufen. Und du möchest etwas in deinem Leben ändern, nicht wahr? Jetzt geht es darum, dass du die Art und Weise änderst, wie du an deinen Tag denkst und ihn vorhersiehst. Übrigens, ich unterstelle nicht, dass du Energie verlierst, wenn du durch das dunkle Tor gehst. Es ist eine Tatsache. Wenn du ein Gefühl von Langeweile oder dunkler Vorahnung von etwas hast, das auf dich zu kommt, verlierst du mit Sicherheit Energie.

Andererseits, wenn du dich entscheidest, durch das goldene Tor zu gehen, wirst du dir mehr eines Flusses des Wohlbefindens gewahr, der zu dir fließt. Dies bereichert dich mit goldener Energie. Möchtest du das mal ausprobieren?"

„Ich weiß nicht. Ja, warum eigentlich nicht?"

„Also, was für zwei verschiedene Richtungen hast du gerade vor dir?"

„Ich weiß nicht. Mir fällt gar nichts ein. Vielleicht, wie ich mich wegen des Wetters fühle? Wenn ich aus dem Fenster schaue und sehe, wie es regnet, fang ich an, mich wegen des Regens mies zu fühlen."

„Gutes Beispiel. Schließ jetzt bitte deine Augen und stell dir die beiden Tore vor – das dunkle und das goldene. Aus Neugier schau durch das dunkle Tor. Du wirst die Landschaft deines Lebens grau und öde sehen. Geh durch das dunkle Tor und fühle, wie dunkle Tinte auf dich herunter regnet. Dieses Gefühl geht einher mit den Gedanken „scheußliches Wetter" und „ich hasse es, nass zu werden" und „das Leben ist schwierig".

Weil du das nicht fühlen willst, gehe zurück und schaue durch das goldene Tor. Hier ist die Landschaft deines Lebens mit goldenem Licht erfüllt, obwohl es regnet. Der graue Himmel scheint zu leuchten.

Die Gedanken, die dir in den Sinn kommen, sind vielleicht „wir brauchen diesen Regen für unsere Pflanzen und Tiere" und „ich bin froh, dass ich einen Schirm habe" und „das Leben ist gut". Gehe durch das goldene Tor und fühle, wie diese helle Energie auf dich herab fließt."

107

„Wie fühlst du dich?"

„Gut. Ich hätte nicht gedacht, dass dieses Ding mit dem goldenen Tor mich so gut fühlen läßt. Willst du, dass ich das tue? Dass ich mir die ganze Zeit diese Tore vorstelle, wenn ich eine Wahl treffen muss? Das dauert zu lange. Ich habe viel zu tun, und die Zeit fliegt schon schnell genug vorbei."

„Am Anfang dauert es vielleicht eine oder zwei Sekunden. Wenn du es mehrere Male gemacht hast, wirst du dir kurz dieser Tore gewahr – wie das Aufblitzen von zwei Bildern."

„Aber es ist immer noch schwierig. Das bedeutet, dass ich mich selbst stoppen und über meine Optionen nachdenken muss. Es ist schon ein Umstand, wenn ich mir einfach nur meiner Optionen gewahr werde."

„Weißt du, das Gute ist, dass du die zwei Tore

jetzt schon im Sinn hast, seit wir über sie gesprochen haben. Und vor allem, seit du durch das dunkle und goldene Tor gegangen bist, hast du ein Geefühl von ihnen. Von heute an kommen dir diese Optionen kurz in den Sinn, und – so schnell, wie eine Schwalbe fliegt – entscheidest du dich, in welche Richtung du gehst, und wenn du eine gute Wahl triffst, fühlst du dich gut."

"Du denkst also, dass dies wichtig ist? Warum eigentlich?"

"Wir unterhalten uns über das Leben, das du leben willst, nicht wahr? Ob du es merkst oder nicht, in jedem Augenblick machst du winzige Änderungen in die eine oder andere Richtung. Oft folgen die Menschen dem ausgetretenen Pfad und wärmen die alten Erinnerungen immer wieder auf. Anstatt strahlende, glückliche Augenblicke zu erschaffen, die sie genießen können, erschaffen sie trübe Augenblicke.

Jetzt, wo du dir dieser Veränderungen und Wahlmöglichkeiten bewusst bist, kannst du dein Leben besser meistern als je zuvor. Diese Veränderungen von Augenblick zu Augenblick führen dich letzten Endes zu einem freudigen oder trübseligen Leben. Wenn du ein freudiges Leben willst, gehst du besser in diese Richtung."

„Glaubst du wirklich, dass ich das tun kann?"

„Auf alle Fälle! Sei einfach nur sanft mit dir, wenn du etwas Neues lernst. Erinnere dich bitte daran, dass du die Möglichkeit hat, das Leben zu leben, das du wirklich leben willst. Es dreht sich alles um Entscheidungen. Und du bist fähig, die richtigen Entscheidungen zu treffen."

„Weil ich frei bin."

„Ja. Fühlt sich gut an, frei zu sein, nicht wahr?"

„Unbedingt."

Kapitel 10

Ist das Leben fair?

„Denkst du, dass das Leben fair ist?”

„Was meinst du? Könntest du etwas genauer sein?”

„Einer meiner Freunde, nein, der Mann ist noch nicht mal ein Freund von mir, einfach nur einer, den ich kenne, also dieser Mann hat neulich eine Menge Geld geerbt – und das ärgert mich.”

„Warum ärgert dich das?”

„Dieser Mann verdient nicht zo viel Glück. Er ist oft ruppig und geizig. Er lädt nie einen von uns zum Abendessen ein aber sorgt dafür, dass er immer eingeladen wird. Er ist auch ein Besserwisser und Heuchler. Kurz gesagt, er geht mir einfach auf die Nerven."

„Korrigiere mich bitte, wenn ich mich irre: Meinst du, dass einfach nur, weil du diesen Mann nicht leiden kannst, es unfair ist, dass er eine Erbschaft gemacht hat?"

„Wenn du das so sagst, hört es sich richtig gemein an. Im Allgemeinen wünsche ich jedem alles Gute, aber es ärgert mich, dass dieser großspurige Geizhals so einen Glücksfall erlebt, während freundliche, großzügige Menschen dauernd im Leben zu kämpfen haben. Das ist unfair."

„Fair ist vielleicht nicht das beste Wort hier,

aber, doch, ich glaube, dass das Leben fair ist."

„Du nennst das fair? Dieser Kerl, der so ungehobelt und egoistisch ist, erbt mehr als eine halbe Million Euro, während ein Freund von mir, der freundlich und anteilnehmend ist und vier kleine Kinder hat, kaum genug Geld verdient, um seine Rechnungen zu bezahlen. Nennst du das fair?"

„Wenn du das Sagen hättest: Wie würde Fairness aussehen?"

„Nun, wie ich es sehe, sollten die freundlichen und guten Menschen mehr Geld haben als die gemeinen Menschen."

„Wer würde über das Gutsein und die Gemeinheit der Menschen entscheiden?"

„Eine Art höherer Gewalt."

„Und diese höhere Gewalt würde sagen,

„du bist so gut, egal was du denkst, planst oder tust, du erhältst jedes Jahr Hunderttausend Euro. Und du, lausige Kreatur, du bist so gemein und arrogant und schlecht, du erhältst so wenig Geld, dass du kaum davon leben kannst." Ist das, was du im Sinne hast?"

„Wenn du es so sagst, hört es sich gar nicht nett an. Aber du musst doch zugeben, dass das Prinzip gut ist."

„Muss ich das? Du denkst also, dass es eine höhere Macht geben sollte, die uns beobachtet und über uns richtet?"

„Natürlich gibt es die! Du bist wohl lange nicht mehr in der Kirche gewesen!"

„Als Antwort darauf, darf ich dich bitten, dir etwas vorzustellen? Kannst du dir gute und liebende Eltern vorstellen? Und kannst du dir vorstellen, dass sie mehrere Kinder haben, und dass diese Kinder alle unterschiedlich sind?

Einige sind sanft und andere sind schroff, einige sind hilfreich und andere sind faul, einige lachen gern und andere beklagen sich gern. Kannst du dir diese verschiedenen Kinder vorstellen? Nun sag mir bitte, wie sollten die Eltern ihre Kinder behandeln?"

„Vielleicht sollten sie netter zu den Kindern sein, die hilfsbereit und fröhlich sind."

„Stell dir bitte vor, dass die Kinder, die hilfsbereit sind, sich häufig beschweren, und dass diejenigen, die faul sind, gern lachen."

„Willst du damit sagen, dass hilfsbereite Kinder sich häufig beschweren?"

„Nicht ausdrücklich. Ich möchte dir nur helfen zu verstehen, dass wir nicht entweder ganz gut oder ganz schlecht sind. Hast du noch nicht gemerkt, dass wir gewöhnlich alle möglichen Eingenschaften haben? Aber das ist nicht der Punkt hier.

Sollten diese guten und liebenden Eltern nur gut zu einigen ihrer Kinder sein – und wenn ja, zu welchen? Und sollten sie weniger liebevoll mit ihren anderen Kindern umgehen?"

„Nein, ich denke, dass gute Eltern alle ihre Kinder lieben sollten, ganz egal, wie die Kinder sind und was sie machen. Zumindest hätte ich das gern so."

„Warum hättest du das gern so?"

„Alle Kinder sollten geliebt werden. Wir alle brauchen Liebe."

„Da stimme ich dir zu. Stelle dir nun bitte die Quelle allen Lebens vor, dieses liebende, unendliche, herrliche Wesen, das viele Gott nennen. Kannst du dir vorstellen, dass diese Quelle allen Lebens weniger liebend sein könnte als gute und liebevolle menschliche Eltern, die ihre Kinder lieben?"

„Wenn du das so sagst, kann ich dir nur zustimmen: kein Urteil und keine Strafe. Diese Quelle allen Lebens, wie du sie nennst, liebt uns noch mehr, als wir fähig sind zu lieben.

Aber sollte es da nicht eine andere Macht geben, eine neutral Macht sozusagen, die dafür sorgt, dass wir alle das bekommen, was wir haben sollten?"

„Wir haben diese Macht, nämlich das universale Gesetz der Resonanz, das besagt: „Die Energie, die du ausschickst, kommt zu dir zurück."

Brigitte Novalis

„Ich erinnere mich daran, dass wir darüber gesprochen haben, aber ich weiß nicht genau, wie das funktioniert. Bitte, hilf mir hier aus. Es sieht so aus, als wenn mein geiziger Bekannter die ganze Zeit an Geld denkt, so dass er immer genug Geld hat und sogar welches erbt, nicht wahr?"

„Richtig."

„Aber mein armer Freund mit den kleinen Kindern scheint auch dauernd an Geld zu denken, zumindest spricht er oft darüber. Warum hat er nicht genug Geld?"

„Die Frage ist: Denkt dein armer Freund daran, Geld zu *haben* oder *nicht* zu haben?"

„Das ist wirklich eine gute Frage. Wenn ich mich recht erinnere, beklagt er sich

viel darüber, **wenig Geld** *zu haben.* **Ah,** *ich verstehe. Wenn er also daran denkt,* **wenig** *Geld* **zu haben, hat er also auch wenig** *Geld.* **So funktioniert das also, nicht wahr?**

Bitte, korrigiere mich, wenn ich falsch liege. Wenn ich (oder jemand anderer) daran denke, genug Geld zu haben, ziehe ich mehr Geld an. Und wenn ich daran denke, NICHT GENUG Geld zu haben, ziehe ich Geldmangel an.

Das bedeutet also, dass ich wirklich das Sagen habe. Das ist klasse! Und ich muss mich da gar nicht anstrengen; durch das Universale Gesetz der Resonanz geschieht das von allein. Und was ist nochmal mein Anteil daran?"

„Daran zu denken, was du möchtest, und dir das vorzustellen, ist der erste Schritt. Noch wichtiger ist es, dass du dich **gut** fühlst bei diesem Gedanken und dieser Vorstellung. Dann bist du in Resonanz mit dem, was du in deinem Leben erleben willst. Und durch das Gesetz der Resonanz kommst du zu dem, was du als deine Wirklichkeit erleben willst.

Dies ist ein Prozess. Je mehr du dich selbst liebst und dich freust, desto schneller kommst du in Resonanz mit dem, was du erleben willst."

„Aber wenn ich mich nicht gut dabei fühle, was mach ich dann? Warte. Ich weiß es. Wenn ich mich selbst liebe, fühle ich mich gut, was bedeutet, dass ich mit

hohen positiven Energien im Einklang bin. Das Universum reagiert darauf und dann erlebe ich das Gute."

„Gut gesagt! Du bist ein guter Student."

„Danke. Ich glaube wirklich, dass ich dahinter komme."

Kapitel 11

Das Versprechen

„Du meinst es, wenn du sagst, dass ich es gut mache, nicht wahr?"

„Ja, da kannst du dir sicher sein. Du bist bereit, mir zu folgen und deinen Geist und dein Herz für neue Gedanken und Erfahrungen zu öffnen. Ich würde sagen, dass du tatsächlich sehr mutig gewesen bist. "

„Mutig? Ich habe mich nie für mutig gehalten."

„Oh, ja, das bist du. Du brauchst Mut, dich deinen eigenen Sorgen und Unsicherheiten zu stellen und Änderungen vorzunehmen. Du hast das getan. Du kannst stolz auf dich sein. Danke, dass du so weit mit mir gekommen bist."

„Einen Moment mal! Das klingt wie ein Abschied. Du beendest diese Konversation mit mir doch nicht einfach so, oder?"

„Doch."

„Aber ich habe noch so viele Fragen!"

„Es werden mehr Gespräche geführt und weitere Fragen beantwortet werden. Wir werden uns wiedersehen, wenn du es möchtest."

„Verlässt du mich jetzt gleich?"

„Nicht wirklich. Sieh es mal so: Menschen, die sich auf liebevolle und aufrichtige Weise miteinander verbinden, bleiben immer in Verbindung. Außerdem wissen sie, dass wir viele Freunde haben können."

„Richtig. Ich erinnere mich daran. Ich kann sogar irgendwo unbekannte Freunde haben."

„Das fühlt sich gut an, nicht wahr?"

„Ja, du hast recht. Es fühlt sich gut an, Freunde zu haben."

„Und dein eigener bester Freund zu sein."

„Ich glaube, ich komme dahin. Ich meine, mein eigener bester Freund zu sein. Und deiner! Auf jeden Fall möchte ich auch dein Freund sein."

„Und ich deiner!"

Brigitte Novalis

„Versprochen?"

„Versprochen."

„Danke, dass du in meinem Leben bist."

„Ich danke dir auch."

Über die Autorin

Die in Boston lebende Therapeutin und Reiki-Meisterin Brigitte Novalis inspiriert Leser auf der ganzen Welt, ihr bestmögliches Leben zu leben (*The Life You Want*) und ihre magische Verbindung mit der Natur zu *finden (Die Magie der inneren Stille)*. Ihre *wunderschön illustrierten Märchen* verzaubern Kinder und Erwachsene gleichermaßen.

Brigitte liebt ihre Familie, ihre Hunde und Katzen, Dvoraks Slawische Tänze und gute Geschichten (sowohl beim Lesen als auch beim Schreiben!).

In Brigittes neuer Abenteuerserie folgen Sie Anna zur Quentin Akademie der magischen Künste und Wissenschaften *(Anna und das verschwundene Kind), (Anna und die geheimnisvollen Zwillinge)* und betreten eine neue Welt, in der das Leben magisch ist.

Danke, dass Sie dieses Buch gelesen haben. Ich hoffe, dass es Ihnen gefallen hat.

Feedback ist der Lebensnerv eines Autors. Wenn Sie ein paar Minuten Zeit haben, um eine Rezension bei Amazon oder Goodreads zu schreiben, auch wenn es nur ein paar Zeilen sind, wäre ich sehr dankbar.

Hier können Sie Brigitte im Internet finden:

brigittenovalisbooks.com